Richard Weigerstorfer

Qi-Gong Kugeln

Die Wirkungen und viele Übungen

Verlag –GmbH

9. Auflage September 2005

© RiWei-Verlag GmbH
Liebig Str. 4
93055 Regensburg
Tel. 0941/ 799 45 70
Fax. 0941/ 799 45 72
unsere Homepage: http://www.RiWei-Verlag.de
EMail: Info@RiWei-Verlag.de

ISBN 3-89758-007-1

Inhaltsverzeichnis:

Vorwort:

Der Titel dieser Reihe "Das Training der Zukunft" beschäftigt mich schon seit vielen Jahren. Schon als Kind konnte ich die Sinnlosigkeit der bestehenden Leistungssportarten nicht verstehen. Wenn alles abgestimmt ist, auf Geschwindigkeit oder Ausdruck, dann kommen zwangsläufig die seelischen und geistigen Aspekte von Körperübungen zu kurz.

Als ich Yoga begegnet bin und in den Übungen die Aspekte des Atmens und der Ruhe entdeckte, fand ich mich in meiner Vorstellung von Sport oder Körperübung schon mehr repräsentiert. Einen noch größeren Ausdruck konnte ich bei Zen-Übungen entdecken. Da wird jede alltägliche und banale Bewegung zur Übung und umgekehrt, bestehen Übungen aus banalen und einfachen Bewegungen.

Mit den Qi-Gong-Kugeln wird meine Form von Training voll repräsentiert. Das Spiel mit den Qi-Gong-Kugeln ist frei von Wettbewerb und berührt tiefe Schichten in unserem Inneren.

Ich wünsche Ihnen, daß Sie mit den Qi-Gong-Kugeln ebensoviel Freude erfahren, wie ich.

Lena Lieblich

1. Was sind Gesundheitskugeln

Gesundheitskugeln kommen aus China und haben dort ihre Anfänge in einfachen, runden Kieselsteinen gehabt, wie sie auch bei uns heute noch Einsatz und Verwendung als "Handschmeichler" finden. Die Weiterentwicklung zu dem bei uns noch gebräuchlichen "Handschmeichler" bestand darin, daß man gleichzeitig zwei Steine in der Hand hielt. Die vielfältigen Spielvarianten und die gymnastischen Wirkungen wurden sehr schnell erkannt. Am leichtesten und schönsten gelang das Spiel, wenn die Steine nahezu kugelförmig waren. Man ging daher dazu über in Kugelmühlen Steine rund zu schleifen.

Andere Quellen berichten, daß Walnüße die Paten der heutigen Qi-Gong Kugeln waren. Wieder andere berichten, daß Wurfgeschosse als erste Qi-Gong Kugeln verwendet wurden.

Das erste Mal werden die Gesundheitskugeln in der Ming-Dynastie (16. Jahrhundert) erwähnt. Der gesundheitliche Wert der Kugeln wurde damals schon erkannt und in Anwendung auf die verschiedensten Krankheiten beschrieben. Da die Kaiser der Ming-Dynastie die Kugeln selbst benutzten blieb es natürlich nicht aus, daß sich auch Künstler um die Kugeln kümmerten. Aus allen möglichen Materialien wurden Kugeln angefertigt, die teilweise aber ohne praktischen Wert waren. Die ältesten und kostbarsten Kugeln aus dieser Zeit sind aus Pfirsich-Holz kunstvoll geschnitzt.

In heutiger Zeit werden die Kugeln auch aus Stahl gegossen. Bevor die zwei Hälften zusammengeschweißt werden, wird im Inneren eine Feder angebracht und eine zweite kleine Kugel hineingelegt, so daß diese später beim Drehen der großen Kugel ein klingendes Geräusch erzeugt.

Entsprechend der chinesischen Auffassung besteht nichts für sich allein, sondern alles hat ein Gegenteil oder eine Gegenkraft. Beide Teile zusammen erst bilden ein Ganzes. Sowohl der Mann als auch die Frau stellt nur einen Teil dar, der Mensch besteht aus einer harmonischen Verbindung beider. Das Yin hat als Ergänzung das Yang, der Tag die Nacht usw. Bei den Kugeln klingt eine Kugel heller, die andere dunkler.

Die Kugelgrößen
Welche Größe ist für mich richtig?

Die Metallkugeln gibt es in vier Größen 40, 45, 50 und 55 mm Durchmesser.

Die 40 mm Kugel ist selbst für eine kleine Erwachsenenhand zu klein und sollte wirklich nur für Kinderhände angeschafft werden. Bei der Auswahl der Kugelgröße sollten Sie, wenn Sie eine kleine Hand haben schon die 50 mm Größe auswählen, bei einer mittleren Hand, die 55 mm Größe, bei einer großen Hand ebenfalls die 55 mm Größe. Die größeren Kugeln sind schwerer und üben dadurch auch einen größeren Druck auf die Reflexpunkte aus. Man kann sagen, daß insgesamt der Trainingseffekt einer großen und schweren Kugel wesentlich besser ist, als bei kleinen und leichten Kugeln. Auch haben die größeren und schwereren Kugeln den Vorteil, daß sie besser und zielgenauer in der Hand gedreht werden können. Die kleinen Kugeln sollten Sie wirklich nur nehmen, wenn durch Krankheit oder Unfall die Beweglichkeit der Hand sehr stark eingeschränkt ist und die Übung mit größeren Kugeln unmöglich erscheint.

Neuerdings werden auch mit 100 - 200 Gauß magnetisierte Stahlkugeln angeboten. Diese magnetisierten Kugeln werden in China in Krankenhäusern eingesetzt. 200 Gauß entspricht dem Magnetismus, der den körpereigenen Magnetismus wirkungsvoll beeinflussen kann. Wenn Sie die Gesundheitskugeln therapeutisch gegen Krankheiten einsetzen wollen, so würde ich Ihnen die magnetischen Kugeln besonders ans Herz legen.

Ferner werden noch verschiedene Jade- und Marmorkugeln angeboten. Die Farben reichen von dunkelgrünem Jade bis zu hellgrün mit blauen Wolken versehenen Jadesteinen. Die Jadekugeln sind im Vergleich zu den Metallkugeln teurer, sind aber eine echte Kostbarkeit. Früher wurden Jadekugeln als Tributgabe an den Kaiserhof geliefert. Jade galt seit alters her schon als Symbol für Reinheit und Gesundheit in China. Auch die Marmorkugeln gibt es in den unterschiedlichsten Färbungen. Die Größe der Steinkugel ist unterschiedlich und nicht so abgestuft, wie bei den Metallkugeln.

Wenn Sie sich mit dem Gedanken befassen, Kugeln für sich zu kaufen, so empfehle ich Ihnen Metallkugeln, entweder vergoldet oder verchromt, je nach Ihrer Sympathie zum Einstieg zu wählen. Die Metallkugeln sind unempfindlicher, wenn sie einmal hinunterfallen, können auch ohne weiteres zum Ausprobieren an andere Personen gegeben werden. Wenn Sie einige Zeit mit den Kugeln gearbeitet haben und die Handflächen für die Kugel sensibilisiert ist, verspüren Sie bestimmt das Bedürfnis nach einer schönen Jade-Kugel. Diese sollten Sie aber nicht anderen Leuten geben. Die Jadekugeln sind auch sehr empfindlich, wenn sie auf harten Boden fallen. Am besten kaufen Sie sich gleich zwei Paar. Ein Paar Metallkugeln zum Üben und Herleihen und ein Paar Jade-Kugeln zum Genießen.

Qi-Gong Kugeln gibt es in vielen unterschiedlichen Materialien. Die Metallkugeln verchromt oder vergoldet sind am häufigsten. Aus Marmor, Jade, Glas und Cloisonne werden kunstvoll bemalte Exemplare angeboten.

2. Was ist Qi-Gong

Qi-Gong ist ein Bestandteil der traditionellen chinesischen Medizin. Bei der traditionellen chinesischen Medizin geht man vom Dual-Prinzip aus. Es stehen sich die beiden großen Kräfte Yin und Yang gegenüber. Es werden den Kräften Yin und Yang gegensätzliche Eigenschaften zugeordnet, wie z. B. weiblich, feucht, warm, negativ. Die Entsprechung dazu ist männlich, hart, kalt, positiv. Wichtig ist dabei, daß die beiden Kräfte im harmonischen Gleichgewicht zueinander stehen. Ist das Gleichgewicht der beiden Kräfte nicht gegeben, so liegt eine Krankheit oder eine Störung vor. Um ein Ungleichgewicht wieder in das Gleichgewicht zu bringen, muß Energie verlagert oder transformiert werden. Vom Negativen ins Positive, vom Warmen ins Kalte, vom Männlichen ins Weibliche oder umgekehrt. Die Kraft oder Energie, die diese Transformation bewirkt, wird Qi oder auch Lebenskraft genannt. Gong heißt soviel wie Übung. Mit der Bezeichnung Qi-Gong ist eine Übungsform gemeint, die Qi freisetzt oder Lebenskraft gibt.

3. Die traditionelle chinesische Medizin

Nach Ansicht der traditionellen chinesischen Medizin wird unser Körper von Energiebahnen umkleidet. Jede Energiebahn hat Verbindung zu einem inneren Organ und zu Händen und Füßen.

An den Endpunkten und bestimmten Stellen in den Energiebahnen lassen sich die darin fließenden Energien besonders wirkungsvoll beeinflussen.

Verschiedene Techniken, wie Akupunktur, Akupressur, Verbrennen von Moksa, Aufkleben von Magneten, Bestrahlen mit farbigem Licht oder Orgon oder das Einreiben mit ätherischen Duftstoffen, sind nur einige der vielen Möglichkeiten, um Einfluß auf den Energiestrom zu nehmen.

Fließt in allen Energiebahnen die Energie gleichmäßig und harmonisch, so ist der Körper gesund. Treten jedoch Stauungen auf und bestehen diese über eine längere Zeit, so kann sowohl ein Zuviel an Energie, als auch ein Zuwenig an Energie Krankheiten auslösen. Für den Therapeuten ist eine genaue Sachkenntnis und eine fundierte Ausbildung wichtig. Er muß genau entscheiden, ob er die Energiebahn in Richtung des Energieflusses positiv beeinflussen oder gegen den Energiestrom abschwächend arbeiten muß.

Anders ist es, wenn Sie mit den Qi-Gong-Kugeln arbeiten. Beim Spiel mit den Qi-Gong-Kugeln werden die einzelnen Endpunkte der Meridiane impulsmäßig abwechselnd stimuliert. Als anschauliches Beispiel vielleicht, ein Nagel, den Sie aus der Wand ziehen wollen, der aber noch relativ fest sitzt. Drücken Sie den Nagel in nur eine Richtung mit großer Kraft, so wird unter Umständen der Nagel abbrechen oder ein Stück der Wand herausfallen. Erfahrungsgemäß schaukeln und wackeln Sie mit relativ geringer Kraft an dem Nagel in verschiedenen Richungen, bis er sich nach einiger Zeit lockert und mühelos entfernen läßt.

Ähnlich verhält es sich bei dem Üben mit den Qi-Gong-Kugeln. Durch das kurze, intervallmäßige Reizen der verschiedenen Akupressurpunkte in der Hand, wird die Qi-Energie erhöht und ausgeglichen. Vor allen Dingen wirkt diese harmonisierende und vitalisierende Kraft immer, wenn Sie mit den Kugeln spielen. Eine große Bedeutung liegt auch in der vorbeugenden Wirkung dieser Kugelübungen. Leichte Störungen, die Sie vielleicht noch nicht bewußt wahrgenommen ha-

ben, können durch das Spiel der Kugeln aufge-
löst werden.

Parallelen bei den Indianern

Auch indianische Medizinmänner wußten um
diese Energiebahnen und deren Zusammenhän-
ge Bescheid. Noch heute werden in den Reserva-
ten Indianer beobachtet, die vor allen Dingen
die Akupressur zur Schmerzlinderung anwenden.

Im 16. Jahrhundert hält die chinesische Medizin Einzug in Europa

Der Leipziger Arzt, Dr. Ball, hat im 16. Jahrhundert das erste Mal eine wissenschaftliche Arbeit
verfaßt, die Kenntnis über die Meridiane und die
Reflexzonen gab. Allgemein bekannt sind heute
auch die Head'schen Zonen, die auch als Landkarte der Hautreflexzonen bezeichnet werden.
Sie wurden im 18. Jahrhundert von dem engli-
schen Neurologen Sir Henry Head genau beschrieben.

Eine neue Beschreibung machte Anfang dieses
Jahrhunderts der Hals-, Nasen- Ohrenarzt, Dr.
William Fitz Gerald.

Er teilte den Körper in zehn senkrechte Körperzonen ein und verfaßte eine Arbeit über die Zonen-Therapie.

Noch weiter gingen die beiden Entdecker der Neuraltherapie F. und W. Hunecke, als sie beschrieben, daß z. B. Krankheitsherde an den Zähnen an anderen Körperregionen Schmerzempfindungen auslösen können.

Alle diese hier kurz beschriebenen Therapieformen arbeiten alle mit demselben Prinzip, das meiner Ansicht nach von der traditionellen chinesischen Medizin am deutlichsten und ausführlichsten beschrieben wird.

Auch besteht bei den heutigen Schulmedizinern nicht mehr der geringste Zweifel, daß es Energiebahnen und entsprechende Therapiepunkte an den Bahnen gibt. Diese lassen sich auch durch einfache, elektronische Meßgeräte physikalisch meßbar nachweisen.

4. Die äußeren Qi-Gong-Übungen

Muskeltonus

Beim Üben und Spielen mit den Kugeln ist ganz klar zu beobachten, daß die Muskulatur der Hand trainiert wird. Beobachten Sie Ihren Unter- und Oberarm beim Üben, so sehen Sie, daß auch die Muskeln an Ober- und Unterarm mitbetätigt und trainiert werden. Der Trainingsfaktor reicht jedoch bis in den Nackenbereich. Gerade, wenn Sie durch einseitige Haltung an der Schreibmaschine oder am Bildschirm Verspannungen im Schulter- und Nackenbereich haben, werden Sie nach kurzem Üben mit den Kugeln die Lockerung dieses Bereiches feststellen können.

Die Wirkung auf das Lymphgefäßsystem

Jede Zelle unseres Körpers wird in einer Gewebeflüssigkeit gebadet, die vom Blutsystem abgesondert wird. Immer, wenn eine Zelle Nahrung oder Aufbaustoffe vom Blut erhält, sind diese durch die Gewebeflüssigkeit geleitet worden. Die Lymphe fließt von den Lymphkapillaren zu den Lymphgefäßen. Jede Bewegung bewirkt ein Vorwärtsfließen der Lymphe in immer größere Gefäße. Entlang dem Lauf der Lymphgefäße befinden sich häufig ovale oder bohnenförmige Drüsen oder Knoten. Diese Knoten produzieren ständig ein Arsenal an Waffen, als eine Erstabwehr gegen Fremdkörper Bakterien oder Krankheiten. Im Lymphgefäßsystem werden Lymphozyten, Monozyten, Antikörper oder Immunsubstanzen gebildet. Wird der Lymphfluß immer wieder durch Qi-Gong-Übungen in Schwung gebracht, erhöht sich gleichzeitig die Schlagkraft unseres Immunsystems. Denn die meisten unserer Abwehrmechanismen werden durch die Lymphflüssigkeit zu den kritischen Körperbereichen transportiert.

Wie funktioniert unser Lymphsystem?

Unsere Körperflüssigkeit besteht zu zwei Drittel aus Lymphe. Diese klare Flüssigkeit hat neben vielen anderen Aufgaben die Ver- und Entsorgung der Zellen sicherzustellen. Um die Lymphflüssigkeit in Umlauf zu bringen, hat unser Körper einen wunderbaren Mechanismus entwickelt.

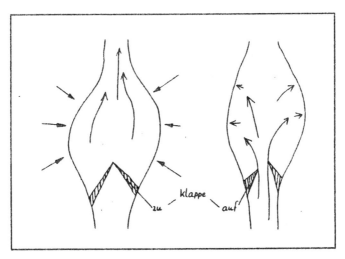

Schematisch dargestelltes Lymphgefäß

In den Lymphbahnen befinden sich Klappen (s. Abb.), die den Lymphstrom nur in einer Richtung fließen lassen. Durch das Üben mit den Gesundheitskugeln werden die Muskeln angespannt. Dadurch wird ein Druck auf die Lymphbahn ausgeübt. Die Lymphflüssigkeit kann nur in einer Richtung ausweichen, fällt der Druck wieder weg, saugt sich weitere Lymphflüssigkeit nach. Jede Körperbewegung übt einen mehr oder minder starken Druck auf die Lymphbahnen aus, dadurch wird auch bei einfachen Bewegungen mit den Gesundheitskugeln der Lymphfluß in Gang gebracht.

Schlafen wir, ist der Lymphfluß sehr schwach, da lediglich durch die Atmung und durch gelegentliche Bewegungen im Schlaf der Lymphfluß angeregt wird. Die Folge ist bei vielen Menschen, daß sie morgens gerädert und benommen erwachen und erst nach einer gewissen Anlaufzeit so richtig wach werden. Die Ursache hierfür ist, daß durch den schwachen Lymphstrom die Körperzellen von den Stoffwechselabfällen nicht in ausreichendem Maße entsorgt werden können. Ich selbst war einer dieser Betroffenen und hatte eine enorm lange Anlaufzeit. Benutze ich nun in der Frühe die Qi-Gong-Kugeln nur ganz kurz, so werde ich sehr schnell hellwach und konzentriert, da alle Gifte und Stoffwechselschlacken schneller ausgespült werden.

Mikrovibration

Die in die Metallkugeln eingebauten Klangteile erzeugen nicht nur einen Ton, sondern bringen die Kugel auch in eine Schwingung. Diese Mikrovibration bewirkt, daß die oberen Hautschichten, vor allen Dingen im Kapillarbereich, besser durchblutet werden. Auch wirkt sich die Mikrovibration stimulierend und regulierend auf die Feinmotorik aus.

Im Bereich von Sprachstörungen oder schlechter Handschrift werden von fortschrittlichen Therapeuten immer öfters Kugeln zur Behandlung eingesetzt.

Kinder und Jugendliche nehmen das Arbeiten mit den Kugeln besonders gerne an, da sie darin weniger eine mühselige Therapie, sondern mehr eine spielerische Beschäftigung sehen.

Ausdauer und regelmäßiges Üben fällt dadurch wesentlich leichter als bei anderen Therapieformen.

Blutkreislauf

Eine besonders wirkungsvolle Übung, um den Blutkreislauf anzuregen, wurde mir von einem Regensburger Arzt empfohlen. Die Übung geht so: Halten Sie beide Arme nach oben und ballen Sie die Hände zu Fäusten für ein, zwei Sekunden ganz fest geschlossen halten, öffnen Sie die Hand wieder für ein, zwei Sekunden, um sie wieder fest zu schließen und zu drücken. Durch dieses Öffnen und Schließen der Hand werden die Venen ausgestreift.

Beim Üben mit den Qi-Gong-Kugeln macht man diese Pumpbewegung automatisch.

Gelenkigkeit

Wenn Sie sich einmal Qi-Gong-Kugeln ausleihen können, oder ihr eigenes Paar bekommen, werden Sie feststellen, wie ungelenkig ihre Hand ist. Ein Masseur hatte sich einmal Kugeln von mir geholt, er wollte sie gleich ausprobieren. Er war so von der Geschicklichkeit seiner Hände überzeugt, daß er richtig schockiert war, da ihm die Kugeln immer aus der Hand fielen. Der Grund ist, daß eine starke Hand nicht unbedingt eine geschickte Hand sein muß. Beobachten Sie einmal einen Tagesablauf, wie oft wird ihre Hand beansprucht, außer der Greifbewegung etwas anderes auszuführen.

Mit großer Freude werden Sie beobachten, wie innerhalb von fünf bis zehn Minuten die Geschicklichkeit Ihrer Hände enorm steigt. Besonders, wenn Ihre Hände durch einen Unfall oder durch Krankheit in ihrer Beweglichkeit eingeschränkt sind, wird das Üben mit den Qi-Gong-Kugeln wahre Wunder vollbringen.

Geschicklichkeit

Ein chinesisches Sprichwort heißt, daß gescheit und geschickt zusammengehören. Entsprechend dieser Auffassung wurden groß angelegte Tests in chinesischen Schulen gemacht. Tatsächlich stellte sich heraus, daß ein Zusammenhang zwischen Intelligenz und Geschicklichkeit bestand. Was meiner Ansicht nach an dem Test interessanter ist, ist die Tatsache, daß das Üben von Geschicklichkeitsspielen auch die Auffassungsgabe und Konzentrationsfähigkeit der Kinder steigert.

Koordination

Bei den meisten Spielen und Übungen mit den Qi-Gong-Kugeln werden gleichzeitig zwei Kugeln in einer Hand bewegt. Dabei ist es für unser Unterbewußtsein wichtig, die Koordination der beiden Kugelbewegungen richtig herzustellen. Dieses Lernen der Koordination wirkt sich, gerade im Behindertenbereich, positiv aus.

Grobmotorik

Die Übungen schulen alle die Grobmotorik ganz intensiv. Besonders, wenn die Kugel an Körperbereichen abrollt.

Rhythmusempfinden

Beim Üben mit den Kugeln wird man nur mit höchster Konzentration eine gleichbleibende Geschwindigkeit erzielen können. Normalerweise ist der harmonische Ablauf einer Übung so, daß sie von einem bestimmten Rhythmus geprägt wird. Dieser Rhythmus ändert sich je nach dem die Kugeln links- oder rechtsrum gedreht werden, ob Sie mit der linken oder rechten Hand arbeiten, ob Sie die Hand nach hinten oder vorne halten, immer wird sich ein eigener, speziell für die Übung sinnvoller Rhythmus einstellen. Dadurch wird das gesamte Rhythmusempfinden geschult und ausgeprägt, was für die Sprachtherapie besonders nützlich ist.

5. Der feinstoffliche Qi-Gong

Der feinstoffliche Qi-Gong behandelt die Energien, die in den Meridianen fließen.

Diese Energien sollen nicht von Ihnen selbst beeinflußt werden. Ein erfahrener Heilpraktiker oder ein Arzt für Naturheilverfahren kann Ihnen verschiedene Abroll-Übungen an den Meridianen entlang zeigen, falls er eine Selbstbehandlung für notwendig erachtet.

Versuchen Sie nicht, nach Abbildungen die Meridiane zu stimulieren. Bei einem Urlaubsseminar wurden wir aufgefordert, in Partnerübungen die Meridiane zu stimulieren. Das Ergebnis war, daß mehr als die Hälfte der Teilnehmer außer gefecht waren. Werden die Meridiane falsch behandelt, verstärken sich Krankheitssymptome, werden sie richtig behandelt, so können Heilreaktionen ausgelöst werden, die im Urlaub auch nicht besonders angenehm sind. Besonders chronische Krankheiten, deren Wirkungen man schon gewöhnt ist, können durch die Behandlung der Meridiane schlimmer werden (Heilreaktionen).

Bei den hier angegebenen Übungen werden die Meridiane nicht linear aktiviert, sondern impulsmäßig stimuliert.

6. Der innere Qi-Gong

Die Handchakras

Sicherlich haben Sie schon von Reiki, Handauflegen oder Magnetisieren gehört, auch Wünschelrutengehen und Pendeln gehören zum Teil mit in diese Kategorie. Alle Personen, die in dieser Richtung Übungen machen, werden mit zunehmender Übungsdauer immer größere Fertigkeiten und Erfolge erzielen.

Woran liegt es nun, daß man den Energieausfluß der Hände steigern kann?

In der Mitte unserer Handflächen befinden sich Energiewirbeln, die auch Chakras genannt werden. Je größer, kräftiger und schneller sich diese Energiewirbel drehen, umso intensiver ist auch die Energieabgabe durch die Hände. Beim Spiel mit den Qi-Gong-Kugeln werden die Chakren in einer besonders intensiven Weise stimuliert und ausgebildet. Am intensivsten ist diese Wirkung, wenn Sie mit Jade-Kugeln ganz langsam das Reibungsdrehen üben. Sie werden sehr schnell merken, daß die Hände schon nach ganz kurzer Übungszeit warm werden. Das liegt daran, daß Energie aus dem Körper über die feinstofflichen

Energiebahnen und über den Blutkreislauf in die Hände transportiert werden.

Heilenergien

Dieses Kapitel hat nichts mit Geistheilen zu tun. Eine genaue Erörterung des Geistheilens würde den Rahmen des Buches sprengen. Die Heilenergien, die durch die Handchakren fließen, spielen beim Geistheilen natürlich auch eine Rolle, jedoch kommen die eigentlichen Heilimpulse aus dem geistigen und mentalen Bereich. Die Heilenergien, die wir durch das Spiel mit den Qi-Gong-Kugeln in unseren Händen aktivieren, sind als magnetische oder messmerische Energien zu bezeichnen.

Um das Wirken der Heilenergien, die beim Kugeldrehen entstehen, zu erklären, will ich ein einfaches Beispiel benutzen. Auf einer Herdplatte steht ein Gefäß mit siedendem Wasser. Dabei entspricht das Handchakra der Wärme und der Größe des Topfes. Sicherlich werden Sie mir zustimmen, daß eine große auf Höchstleistung geschaltete Herdplatte mit einem großen Topf mehr Wasser verdampfen kann, als eine kleine, nur leicht eingeschaltete Herdplatte, auf der nur ein winziges Töpfchen steht. Der Unterschied entspricht einem ausgebildeten Handchakra und einem nicht ausgebildetem Chakra. Das Wasser im Topf entspricht unserer Lebensenergie, die wir abgeben können. Dabei symbolisiert das Wasser im Topf die Energieform, die fest mit unserem Körper verbunden ist und im Körper zirkuliert und für die Aufrechterhaltung aller Lebensprozesse verwendet wird. Der Wasserdampf entspricht der Energie, die durch die Handchakren transformiert worden ist, und sich nun aus unserem Energiesystem löst und frei sich bewegen kann.

Kehren wir nun zum vorhergehenden Bild des verdampfenden Wassers zurück. Bringen Sie nun einen knochentrockenen Leinenlappen in die Nähe des dampfenden Wassers, so wird er zwangsläufig von der Feuchtigkeit aufnehmen. Das gleiche geschieht auch, wenn wir unsere Heilenergien auf Menschen übertragen, die durch Krankheit oder einen Unfall oder durch psychische Störungen geschwächt und ausgelaugt sind. Zwangsläufig nehmen sie die von Ihren Händen ausgehende Energie auf und spüren dadurch eine Erleichterung und Besserung Ihrer Situation. Es kann sogar passieren, daß durch die Zufuhr der Energie die Selbstheilkräfte beim Gegenüber wieder gestärkt und mobilisiert werden, und daß dadurch tatsächlich Heilung stattfinden kann. Ich bitte Sie jedoch, mit diesen Energien nicht hausieren zu gehen. Prinzipiell ist jeder Mensch in der Lage, Energie abzugeben. Wenn Sie also durch das Spiel der Kugeln lernen, Wärme in den Händen zu erzeugen, und einen halbfesten Energiestrom von sich auszusenden und auch von ihrer Umwelt Rückmeldungen bekommen, daß sie die Wärme und Energie, die von Ihnen abgeht als wohltuend und heilend empfunden wird, stellt das nichts Besonderes dar.

Wenn Sie sich aber trotzdem berufen fühlen, als Heiler fortan zu arbeiten, dann bitte ich Sie ganz innig, daß Sie keine Alleingänge machen. Schließen Sie sich einer Heilervereinigung an, wie z. B. der Deutschen Vereinigung für geistiges Heilen, oder einer Reiki-Gruppe. Hier erhalten Sie das notwendige Handwerkszeug und die Ausbildung zum Heiler. Es liegen in diesem Bereich viele Gefahren, die von Anfängern und Laien nicht erkannt und auch nicht ernstgenommen werden.

Kurz will ich Ihnen zwei Varianten aufgrund unseres Wasserkochspieles erläutern.

Es gibt Menschen, die nicht nur die von Ihnen abgeströmte Energie aufnehmen, sondern sie haben die Fähigkeit einer Destillieranlage für

Energie entwickelt. Sie nehmen Ihre gesamte Energie auf, mehr als Sie gewillt sind abzugeben.

Als positiver Aspekt sei hier ein kleines Kind erwähnt, das hinfällt und dann von der Mutter liebevoll auf den Arm genommen wird und sich innerhalb von ein paar Sekunden, oder ein paar Minuten regeneriert, keine Schmerzen mehr empfindet und wieder quicklebendig auf den Boden runter will und weiterläuft. Jede Verletzung, jeder Schock und jede Krankheit stellt ein Loch im Energiesystem unseres Körpers dar. Durch das liebevolle auf den Arm nehmen der Mutter wird von ihr so viel Energie abgegeben, daß das feinstoffliche Energienetz des Kindes sofort wieder repariert ist. Im gleichen Maße verschwinden die Schmerzen und das Kind ist wieder heil, auch wenn noch körperliche Spuren zu erkennen sind. Der zweite Aspekt ist die unfreiwillige Hergabe von Energie. Es gibt Menschen, die es meisterhaft gelernt haben, anderen Leuten Energie abzuzapfen. Auch sie entsprechen im übertragenen Sinne einer Destillieranlage, die sich so perfekt über, um auf unser Bild zurückzukommen, das Gefäß stülpt, daß es 100 % unserer Energie aufsaugt und verwendet. Die Gefahr besteht für unerfahrene Leute, die das erste Mal ihre Energien spüren und gerne helfen wollen, daß sie gerade solche Leute anziehen, die ihnen mehr Energie wegnehmen, als sie hergeben wollen und eigentlich auch sollen. Energievampire gibt es in der heutigen Zeit mehr, als wir glauben wollen. Wer ist nicht schon einem Menschen begegnet, der ihn in ein Gespräch verwickelt hat. Hinterher waren Sie vollkommen ausgelaugt und ausgepumpt.

Warum gibt es Vampire?

Wir sind auf dieser Erde ständig in einem Meer von Energie. Durch unsere sieben Hauptchakren sind wir in der Lage, aus diesem Meer von Energie genau die Qualitäten herauszufiltern und für unseren Körper zu transformieren, die wir brauchen, um gesund, vital und leistungsfähig zu sein. Durch verschiedene Umstände kann es geschehen, daß wir nicht mehr in der Lage sind soviel Energie aufzunehmen und für unseren Körper zu transformieren, wie es für die Aufrechterhaltung eines gesunden, vitalen Lebens notwendig ist.

Es gibt die Möglichkeit, sich von anderen Leuten stellvertretend schon aufbereitete und transformierte Energie zu holen. Manche Personen entwickeln beim Energieabzapfen von anderen Personen eine solche Geschicklichkeit und Übung, daß sie es nach und nach verlernen, selbst aus dem unendlichen Meer der Energie für sich den nötigen Anteil zu entnehmen und zu transformieren. Diese Leute haben sich zu wahrhaften Vampiren entwickelt und sie werden alle möglichen Leidens-, Schicksals- und Horrorgeschichten erfinden, nur um Ihre Aufmerksamkeit zu erzielen und Sie auszusaugen. Wenn Sie nun aus eigenen Stücken heilen wollen, werden Sie gerade am Anfang solche Leute anziehen und es wird Ihnen auch schwer fallen, diese von normalen Menschen zu unterscheiden. Denn gerade, wenn ein solches Vampir bei Ihnen war, und Sie so richtig schön ausgetrunken hat, wird es Ihnen erzählen, wie gut es war, und wie wohl es sich nun fühlt. Sie fühlen sich durch die Aussagen geehrt und geschmeichelt und wollen gerne das nächste Mal wieder helfen. Bis Sie in einigen Wochen feststellen, daß der Betreffende gar nicht gesund werden will, daß ihm gar nicht geholfen werden kann, sondern daß er immer wieder nur Zugang zu Ihnen findet, um Sie auszusaugen. Oft ist es ganz schwierig eine solche Verbindung abzubrechen. Nehmen Sie darum meine Bitte und Warnung ernst, und schließen

Sie sich einer Vereinigung an, die Ihnen das nötige Handwerkszeug gibt, wie man sich gegen solche Leute schützen kann.

Hier die Adresse:
Deutsche Vereinigung für geistiges Heilen e.V.
Sekretariat: Anni Ziemer
postlagernd; 5300 Bonn 2

Adressen einer Reiki Gruppe an Ihrem Ort finden Sie u.U. im Telefonbuch.

Der warme Händedruck. ·

Sicher haben Sie schon öfters die Erfahrung gemacht, daß Sie beim Begrüßen von einer größeren Menge von Personen die Hand geben. Plötzlich fällt Ihnen auf, daß eine Hand ganz warm, samtig und weich ist und am liebsten würden Sie sie gar nicht mehr loslassen. Oftmals gehört diese Hand einer älteren Person und sie ist eigentlich runzelig und gar nicht so, wie sie sich anfühlt. Sie können sicher sein, daß diese Hand einer Person gehört, die bewußt oder unbewußt ihre Handchakren entwickelt und ausgebildet hat. Auch Sie werden, wenn Sie mit den Kugeln regelmäßig spielen, eine solch warme, angenehme Hand kriegen und Ihr Gegenüber beim Händeschütteln ganz angenehm berühren.

Der Stein

Je mehr Ihre Handchakren durch das Spielen mit den Kugeln entwickelt sind, umso mehr werden Sie auch das Bedürfnis haben, einen schönen warmen Stein als Kugel zu haben und nicht einen Metallgegenstand. Ich empfehle allen Leuten, die mich um Rat fragen, Jade. Es gibt zwar auch noch Marmorkugeln, die billiger sind, als Jade-Steine, doch sie befriedigen nicht so. Über kurz oder lang wird jeder, der mit Kugeln spielt, auf Jade kommen.

Als kleines Beispiel mag hier die Perlenkette dienen, die am Hals einer Frau getragen wird. Sicher haben Sie schon oft gehört oder vielleicht schon selbst beobachten können, daß die schönste Perlenkette an einer kranken Person innerhalb kurzer Zeit stumpf und unansehnlich wird. Und daß eine Perlenkette, die von einer gesunden, vitalen Person getragen wird, wunderbar leuchtet und immer mehr Glanz und Schönheit bekommt.

Die Ursache liegt darin, daß eine gesunde, vitale Person, einfach Energie ausstrahlt, die auch alles auflädt und erfüllt, was in der Nähe dieser Person ist. Während eine kranke, geschwächte Person allem Energie abzieht und alles auslaugt, was in ihrer Nähe ist.

Genauso verhält es sich nun mit Ihren Qi-Gong-Kugeln. Darum meine Bitte, leihen Sie Ihre Lieblings-Qi-Gong-Kugeln niemand anderem. Geben Sie sie nicht aus der Hand, hüten Sie sie, wie einen Schatz. Sollte es wirklich einmal passieren, daß ihre Lieblingskugeln von jemand unerlaubt benutzt worden sind, graben Sie sie einfach für eine Woche in den Garten ein. Das Erdreich wird alle Schwingungen aus der Kugel absaugen und sie wieder vollkommen rein und neutral machen. Wenn Sie Ihre Kugeln wieder zum Spiel hernehmen, wird sie erneut von Ihrer persönlichen Energie aufgeladen. Jade hat die Eigenschaft, Ihre Energie im Stein zu speichern und so, wie die Perlenkette immer schöner wird, so werden auch Ihre Jade-Kugeln immer schöner werden. So wie ein kranker Körper einer Perlenkette die Energie absaugen kann, daß sie ganz unansehnlich wird, so sind auch Sie in der Lage, in Zeiten der Schwäche oder Krankheit Ihren eigenen Qi-Gong-Kugeln die Energie wieder zu nehmen, die Sie beim Spiel hineingeladen haben. Die Kugeln stellen für Sie eine Art Instantgesundheit dar, die Sie nach Belieben und Bedarf immer wieder aufladen oder auch abrufen können.

Der kosmische Ton

Töne haben eine große Kraft. Wir kennen die Beispiele von den Trompeten von Jericho, die Mauern zum Einstürzen bringen, oder das Beispiel vom Gesang, des Orpheus, der selbst Steine zum Weinen brachte, oder die Tiere des Waldes damit anlocken konnte. Wir kennen den Laut "Ohm", der von Yogis während ihrer Übungen gesungen wird und wir wissen, daß es Töne und Musik gibt, die heilende Energie vermittelt, so z. B. die Gesänge aus Taize. Beim Spiel mit den Kugeln können wir ebenfalls einen Ton erzeugen, den ich kosmischen Ton nenne.

Der Ton befähigt uns Probleme und Gegebenheiten, die uns momentan stark beschäftigen, loszulassen und von ganz weit entfernt zu betrachten, aus einem kosmischen Bewußtsein heraus. Man sieht die ganze Erde, alles was mit ihr zu tun hat, auch die anderen Planeten und das ganze Universum und verliert trotzdem die eigene Angelegenheit nicht aus dem Auge, sondern betrachtet sie im Zusammenspiel aller Begebenheiten, die wir aus dieser kosmischen Sicht erleben. Durch diese Sehensweise wird manches, was so groß und schwerwiegend erscheint, plötzlich nichtig und klein. Es entwickelt sich ein Verantwortungsgefühl, auch für das, was um uns herum ist, und wir können Probleme wesentlich leichter und einfacher lösen, wenn wir sie aus großer Entfernung betrachten. Der Blickpunkt der kosmischen Schau löst einen von den Emotionen, die mit einem gewissen Problem verbunden sind.

Wie entsteht der kosmische Ton?

Der schönste und harmonischte kosmische Ton, ist mit den Jade-Kugeln zu erzeugen. Dabei drehen sich beide Kugeln zum einen um sich selbst und um eine gedachte Mittelachse zwischen den beiden Kugeln. Die Kugeln berühren sich ständig und es entsteht ein Scheuer- oder Kratzgeräusch durch das Verschieben der beiden Kugeloberflächen. Dieses Geräusch ist schon sehr angenehm und kann verschieden variiert und intoniert werden, indem die Drehgeschwindigkeit verringert oder erhöht, oder indem sie einfach den Druck der beiden Kugeln zueinander erhöhen oder mindern. Wenn Sie in einem ruhigen Raum entspannt diese Übung machen, ist es nicht wichtig die Kugeln schnell zu drehen, sondern auf diesen Ton, der dabei entsteht, zu achten. Es ist entspannend und wohltuend die verschiedenen Geräusche und Töne zu erzeugen.

Versuchen Sie nun, eine bestimmte Tonlage über einen längeren Zeitraum konstant zu halten. Dies ist schwierig, da Geschwindigkeit und Druck immer konstant bleiben müssen. Wenn es Ihnen gelingt, eine Minute denselben Ton zu erzeugen, so senken Sie den Ton ein bißchen ab oder erhöhen ihn, indem Sie den Druck oder die Geschwindigkeit verändern.

Durch den Ton, den Sie erzeugen, kommt die gesamte Kugel in Schwingung. Für jeden Stein und jede Kugelgröße gibt es einen ganz bestimmten Resonanzton, den Sie finden müssen. Haben Sie ihn getroffen, werden die Kugeln anfangen im kosmischen Ton zu vibrieren. Die ganze Kugel schwingt und sendet eine Strömung und Vibration aus, die für sie unendlich harmonisch, friedvoll und kraftvoll ist. Das Prinzip ist ungefähr, wie bei einem Weinglas, auf dessen Rand man mit dem feuchten Finger Kreise zieht. Wenn Sie den Druck und die Geschwindigkeit beim Kreisen des Fingers auf dem Weinglas immer wieder ein bißchen variieren, werden Sie mit der Zeit einen ganz bestimmten Druck und eine dazugehörige Geschwindigkeit finden, die das Glas zum Klingen bringt. Haben Sie beim Glas den Punkt gefunden, an dem es klingt, bereitet es keine Mühe mehr, ihn aufrechtzuerhalten und das Glas weiterklingen zu lassen. Ebenso ist es bei den Qi-Gong-Kugeln. Haben Sie den Punkt erst einmal gefunden, so werden Sie ihn halten und auch später immer leichter finden und erzeugen können. Um einer falschen Erwartung vorzubeugen, der Ton ist nicht hell und schrill wie beim Weinglas, sondern dunkel, warm und leise. Oft nimmt der Übende den Ton nur selbst wahr, die anderen im Raum befindlichen Personen nicht.

Der Ehe-Qi-Gong

In einer Zeit, wo Familienstrukturen sich immer mehr auflösen, Single-Haushalte immer mehr zunehmen, alleinerziehende Mütter zum festen Bestandteil einer jeden Gesellschaft werden, in einer Zeit, wo Prognosen sagen, daß in fünf Jahren die Durchschnittsfamilie nur noch aus 1,7 Personen besteht, also nicht einmal mehr ein Ehepaar, wo immer weniger Leute sich verbinden wollen. In einer Zeit, in der die widersprüchlichsten Meinungen über die Medien konsumiert werden, macht man sich keine oder nur zu wenig Gedanken über die Ehe oder die Partnerschaft als solches.

Oftmals ist in bestehenden Partnerschaften Kommunikation gestorben, tiefe, bewegende und verbindende Gespräche haben manchmal seit Jahren schon nicht mehr stattgefunden. Man kennt die Standpunkte des Gegenüber und trennt sich, weil man diese nicht akzeptieren kann oder leidet nebeneinander vor sich hin.

In einem Gespräch habe ich vor einigen Jahren einem Ehepaar den Tip gegeben, einfach eine vergoldete und eine versilberte Qi-Gong-Kugel zu nehmen und damit zu spielen, abgeschieden und stille und dabei die Gedanken beobachten, die beim Spiel entstehen. Die eine Kugel entspricht der Frau, die andere dem Mann, beide sind gleich groß und drehen sich umeinander. Beim Spiel, die eine Kugel mehr ruhig halten, die andere um sie kreisen lassen, oder beide kreisen mit gleicher Geschwindigkeit um sich selbst. Sie können sich voneinander entfernen und schlagartig wieder berühren und wieder auseinandergeworfen zu werden. Sie können auch im Reibungsdrehen einen schönen Ton erzeugen. Es sind unendlich viele Variationen, die im Spiel entstehen. Aus dem Blickwinkel des Ehe-Qi-Gongs betrachtet, löst die Spielsituation auch ganz bestimmte Empfindungen und Gefühle aus und was das Schöne dabei ist, man reagiert im Spiel auf diese Empfindung mit einer richtigen Lösung. Wenn einem das Aneinanderstoßen der Kugel im Spiel stört, so versucht man sofort die Kugeln behutsamer kreisen zu lassen, vielleicht etwas langsamer. Gleichzeitig erschließt sich einem auch die Lösung für die eigene Partnerschaft, die mit dieser Veränderung dieses Spieles einhergeht. Man steht im ständigen Rapport zu sich und seiner Partnerschaft und kann auf diese Art wunderbar Standpunkte erkennen und Lösungen finden. Zum Beispiel überlegt ein Ehepartner, ob er sich nicht trennen sollte, er spielt mit beiden Kugeln, bei dieser Überlegung nimmt er eine der beiden Kugeln weg und legt sie zur

Seite. Plötzlich wird ihm die Einsamkeit und die Leere bewußt, die er erfährt, da er nur noch eine Kugel in der Hand hält, auch vermißt er das Reiben am anderen und noch viele andere Details, die ihm so nicht eingefallen wären, empfindet er plötzlich über diese körperliche Botschaft. Wenn noch ein Kind mit im Spiel ist, so kann man auch eine dritte Kugel mit in die Hand nehmen, oder eine vierte und die Varianten einfach durchspielen. Jeder wird genau die Lösungen finden, die für ihn persönlich die passendste und wichtigste ist.

Ich glaube, gerade das ist der wichtigste Punkt, nicht vorgefertigte Theorien von außen doziert zu bekommen, sondern die richtigen Empfindungen von innen zu erfahren. Dies gibt die Basis für einen neuen Standpunkt, für eine neue Annäherung in der Partnerschaft.

Den Spielvarianten sind keine Grenzen gesetzt. So kann, wenn eine störende Schwiegermutter mit ihm Spiel ist, ein kantiger Stein oder eine stachelige Buchecker mit zu den Kugeln in die Hand genommen werden, und man wird sehr schnell spüren, wie der Bewegungsablauf durch so einen Fremdkörper gestört wird. Mittlerweile wurden mit den Ehe-Qi-Gong schon so viele gute und vielschichtige Erfahrungen gemacht.

Die Doppelstein-Philosophie

Wie wir schon gehört haben, beruht das chinesische Weltbild auf dem Dual Prinzip. Jeder Kraft steht eine Gegenkraft entgegen, und nur wenn beide in gleich großen Verhältnissen auftreten, ist Harmonie gewährleistet. Das Yin-Yang-Zeichen gibt optisch sehr gut Aufschluß über die beiden Kräfte und durch das spitze Auslaufen der Enden wird auch die Dynamik angedeutet.

Das Yin-Yang Zeichen ist ein uraltes Symbol für die Lebensweisheit der Asiaten.

Man braucht nicht viel Phantasie dazu, um in den Yin-Yang-Zeichen ein paar kreisende Kugeln zu erkennen. Ich will hier nicht die chinesische Philosophie vor Ihnen ausbreiten, sondern nur auf die Möglichkeit hinweisen, daß sie mit den Qi-Gong-Kugeln auch verschiedene Probleme aus ihrem Lebensbereich lösen können. Oftmals ist es schon hilfreich, wenn wir uns auf die Tatsache einlassen können, daß es zu jedem Phänomen zu jeder Tatsache auch eine Gegenkraft gibt. Wenn z. B. jemand seine Schwiegermutter nicht leiden kann, weil sie sich ständig einmischt oder sonst irgendwelche negativen Eigenschaften hat, wird er sich beim Spiel mit den Qi-Gong-Kugeln bewußt werden müssen, daß es auch eine zweite Kraft gibt, die positiven Eigenschaften der Schwiegermutter, die man gerne übersehen will. Spielt man weiter, so ist man durch die Empfindung der beiden Kugeln immer wieder gezwungen, sich auch an die Gegenkraft, in diesem Fall an das Positive der Schwiegermutter zu erinnern. Es wird vielleicht lange dauern, bis man über ein Problem nachdenken kann und gleichzeitig mit den Kugeln harmonisch spielt, denn jeder unharmonische Gedanke löst unharmonische Bewegungen in der Hand aus. Hat man es aber geschafft beide Kräfte gleichwertig anzuerkennen, stellt sich auch Harmonie und Verständnis für die Situation ein. Immer wenn ein Problem harmonisiert und ausgeglichen ist, ist es auch in der Realität gelöst, so kann die Beziehung zur Schwiegermutter auf einer neuen Ebene Bedeutung gewinnen.

Ein zweites Beispiel, bei dem der negative Aspekt entwickelt werden muß, könnte z. B. ein junger Mann sein, der sich um jeden Preis selbständig machen will, um aus gewissen Unannehmlichkeiten seiner bestehenden Firma herauszukommen. Sein Hauptmotiv ist eigentlich nicht selbständig zu sein, sondern seinen bisherigen Arbeitsplatz zu verlassen. Entsprechend wird er sich blind gegenüber allen Gefahren der Selbständigkeit machen, nur um sein Ziel, so schnell wie möglich zu realisieren.

Nimmt dieser junge Mann sich die Zeit mit den Kugeln zu arbeiten, und über sein Problem nachzudenken, so werden ihn die Kugeln zwingen, auch über den negativen Aspekt der Selbständigkeit nachzudenken. Schulden, mehr arbeiten, weniger Freizeit, mehr Verantwortung und vieles andere mehr wird ihm immer wieder durch den Kopf gehen, bis die Gefühle für die Selbständigkeit ausgeglichen sind. Sicher fällt seine Entscheidung ganz anders aus, oder er wird den Schritt in die Selbständigkeit aus einem neuen Bewußtsein heraus vollziehen können.

Die Doppelkugel-Philosophie funktioniert, auf alle Lebensbereiche angewendet, immer. Sie gibt einem die Möglichkeit, den vernachlässigten Aspekt zu stärken und zu fördern. Das Gute und

Wirkungsvolle am Spiel mit den Qi-Gong-Kugeln ist, daß jeder Gedanke eine gefühlsmäßige Erfahrung in den Händen auslöst. Dieses Gefühl führt zu einem tieferen Nachdenken und auch zu einer besseren Verarbeitung der Problematik.

Das Symbol der Kugel

Wir befinden uns am Beginn des Wassermann-
zeitalters, große Umwälzungen auf allen Gebie-
ten werden vorausgesagt. Eine der grundlegend-
sten Änderungen im Menschen wird eine
Erweiterung des Bewußtseins sein. Galt noch in
allen Jahrhunderten vor uns der Ring als Inbe-
griff der Ewigkeit durch seine Endlosigkeit beim
Umkreisen, so hat der Ring doch die Begrenzt-
heit der damaligen Leute mit zum Ausdruck gebracht. Der Ring hat nur zwei Dimensionen als
Ausdehnung, die Höhe ist nicht als Element des
Ringes zu sehen. Der Innenbereich, den der
Ring umschließt, bietet Schutz von außen, vermittelt Geborgenheit, läßt jedoch keinen Weg
nach außen zu, keine Unterbrechung im Ring ist
da. Der Ring, legt man ihn auf eine Landkarte
oder sonst wo, grenzt immer ab und aus.

Im Wassermannzeitalter wird der Mensch als
wichtigsten Schritt lernen ein kosmisches
Bewußtsein zu entwickeln. Zur Zeit befinden wir
uns im übertragenen Sinne im Kugel-Zeitalter,
wenn wir es dem Ring-Zeitalter gegenübersetzen. Durch die Medien ist unser heutiges Denken schon weltweit den ganzen Globus entspan-
nend. Auch sind die Auswirkungen von

klimatischen Veränderungen, Reaktorunfällen und vielen anderen nicht mehr eine regionale Sache, sondern eine globale Angelegenheit. Früher waren die Grenzen der Völker zu, und wie ein Ring umgurteten sie das Volk. Heute lösen sich diese Strukturen immer mehr auf, Grenzen werden durchlässiger oder verschwinden ganz. Ein vereintes Europa ist heute schon Realität und es wird nicht mehr lange dauern, werden wir von einer vereinten Welt sprechen, was heute vielleicht noch so fremd klingt, wie vor 10 Jahren ein gemeinsames Europa.

Was wir in Zukunft noch lernen werden ist, daß wir nicht nur aus dem Planeten Erde bestehen, sondern daß wir eingebunden sind in eine wunderbare Harmonie, in eine kosmische Ordnung in der wir uns bewegen.

Das Spiel mit den Qi-Gong-Kugeln symbolisiert den Lauf der Gestirne. Das Spiel mit den Kugeln und Gedanken über ein kosmisches Zusammenwirken aller, wird uns einem solchen Bewußtsein schneller näherbringen.

6. Gleichgewicht und Gefühl

Balance

Im mittleren Ohrbereich befindet sich unser Gleichgewichtsorgan. Es ist nicht nur dafür verantwortlich, daß wir nicht umfallen und immer die Balance halten können, sondern beeinflußt auch stark unsere Sprachsteuerung. Den Beruf des Logopäden, der vor zehn Jahren noch fast unbekannt war, füllt mittlerweile schon spaltenweise die Telefonbücher der großen Städte. Die Zunahme der Sprachtrainer, die zu 95 % Kinder haben, liegt wohl auch daran, daß die Kinder zu wenig Bewegung haben.

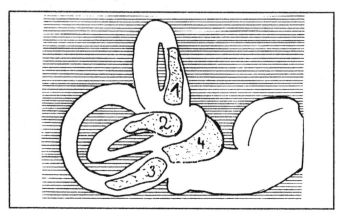

Das Gleichgewichtsorgan hat drei Bögen, die mit einer Flüssigkeit gefüllt sind. Jede Bewegung wird als elektrischer Impuls an das Gehirn weitergeleitet.

Während der Entwicklung des Kindes ist in jedem Altersabschnitt eine andere Ausbildung von Sinneswahrnehmung besonders ausgeprägt. Alle Eltern kennen die Zeit, in denen die Kleinen wild auf den Betten springen, alles zum Trampolin zweckentfremden, was nur einigermaßen federt. Während dieser Zeit der erhöhten Aktivität ist auch eine Ausbildung des Gleichgewichtsorganes gegeben.

Verbringen die Kinder während dieser Zeit zuviele Stunden vor Video und Fernsehen, haben zu wenig Gelegenheit sich in natürlicher und artentsprechender Weise zu bewegen, findet die Ausbildung des Gleichgewichtsorganes nicht in der richtigen Weise statt. Die Folge davon ist, daß die vom Gleichgewichtsorgan beeinflußte Sprachentwicklung sich verzögert oder Störungen bewirkt.

Es ist auf jeden Fall von Vorteil, wenn man schon kleinen Kindern die Kinder-Qi-Gong-Kugeln zum Spielen gibt und ihnen einige Übungen zeigt, die mit einer spielerischen Vorstellung verbunden sind, z. B. die Kugel läuft um den Stein, dabei symbolisiert eine Kugel den Stein und die andere Kugel muß geschickt um die ruhende Kugel herummanövriert werden, natürlich alles in einer Hand, oder wenn es anfangs nicht geht auch unter Zuhilfenahme der zweiten Hand. Durch diese Übungen wird Balancieren gelernt.

Eine andere Übung: Die Kugel kann auch auf ein kleines Tablett gelegt werden, das von beiden Händen gehalten wird. Nun muß die Kugel an einem bestimmten Punkt in der Mitte zum Ruhen kommen.

Koordination

Die Koordination von Bewegungen stehen auch in einem Zusammenhang mit der Sprache und der Schrift. Legasteniker profitieren z. B. vom Qi-Gong-Kugel-Spiel. Die Koordination der Handbewegungen, die für ein schönes Spiel mit den Kugeln notwendig ist, wirkt sich nicht nur so aus, daß die Handschrift schöner wird, sondern auch die für Legasteniker typischen Buchstaben-Verdrehungen seltener werden.

Rhythmus

Unser ganzes Leben wird von verschiedenen Rhythmen bestimmt und durchzogen. Ein Marsch-Rhytmus kann z. B. Soldaten dazu bringen, daß sie sehr weite Strecken marschieren, die sie ohne diesen Marsch-Rhytmus nie schaffen würden.

Wer ständig Hard-Rock oder vollkommen unrhythmische Musik hört, stört dadurch sein natürliches Rhythmusempfinden. Jede Arbeit und jede Tätigkeit ist einem eigenen Rhythmus unterworfen. Sei es Spazierengehen oder das Zusammenkehren eines Hofes. Ist das natürliche Rhythmusempfinden gestört, so kann man sich in den normalen Arbeitsrhythmus nicht einfinden.

Die Arbeit wird zur Qual, die Fehlerquote steigt und für einen Außenstehenden ist es furchtbar schlimm, einem unrhythmischen Menschen zuschauen zu müssen.

Die Handflächen sind nicht genau kreisrund. Durch die Anordnung der Finger und des Daumens ist für jede Bewegung der Kugel eine andere Muskelbewegung erforderlich. Diese Änderung wiederholt sich aber bei jeder Umdrehung von neuem. Es ist notwendig, die Muskelkontraktionen in einem bestimmten Rhythmus ablaufen zu lassen. Das schulende Element an dem Qi-Gong-Kugel-Spiel ist, daß man den Rhythmus nicht nur hört, sondern richtig mit den Händen erfühlen kann. Diese Erfahrung kann nachhaltig bei anderen Situationen umgesetzt werden.

7. Vorbetrachtungen zu den Übungen

Der taktile Reiz

Wenn Sie mit den Kugeln zu spielen beginnen, nehmen Sie erst eine Kugel in die linke und die andere in die rechte Hand und kneten, die Kugel mehr zwischen Daumen und Zeigefinger, Daumen und Mittelfinger bis zum kleinen Finger hin. Versuchen Sie die Kugel in ihrer Schwere, Temperatur, in ihrer ganzen Art mit der Hand zu erfassen. Die Metallkugeln können Sie leicht schütteln, dann die Vibration des Metallstabes erfühlen.

Der optische Eindruck

Besonders Jade-Kugeln sind sehr schön gemustert und strukturiert. Betrachten Sie die runde Form, den Glanz der Oberfläche.

Metallkugeln spiegeln Ihr Gesicht wieder. Nehmen Sie alle optischen Eindrücke, die von der Kugel ausgehen, auf.

Die Akustik

Die Metallkugeln klingen, eine hell, die andere dunkel. Die Steinkugeln, wenn sie aneinander geklopft werden geben auch einen Klang von sich. Auch beim Reiben entsteht durch das Wetzen ein Klang, und nach längerem Üben kann man sogar den kosmischen Ton erzeugen. Nehmen Sie all diese Laute auf.

9. Die Einsatzmöglichkeiten der Qi-Gong Kugeln

Die **Beweglichkeit** der Hände und Unterarme kann trainiert werden.

Die **Grob- und Feinmotorik** kann geschult werden

Das **Gleichgewichtsempfinden** kann nachhaltig trainiert und geschult werden.

Sprachsteuerung und Sprachentwicklung kann durch Üben mit den Kugeln positiv beeinflußt werden.

Koordination; Eine bessere Koordinierung der Sprache, des Handelns und des Fühlens kann durch Qi-Gong-Übungen erreicht werden

Aufwärmen; Bei Qi-Gong-Kugel-Spiel kann man sich körperlich aufwärmen, da Lymphflüssigkeit und Blut schneller in Umlauf kommen und bei intensivem Spiel auch ein enormer Krafteinsatz notwendig ist.

Therapie nach Unfall; Nach Unfällen bei denen die Hände stark in Mitleidenschaft gezogen wurden, kann mit Qi-Gong-Kugeln eine wunderbare Bewegungstherapie aufgestellt werden.

Raucherentwöhnung. siehe letztes Kapitel.

Das Gehirn

Unser Gehirn ist in zwei Hemisphären mit unterschiedlichen Aufgaben aufgeteilt.

Die linke Gehirnhälfte.

Mit der linken Gehirnhälfte erledigen wir Aufgaben, die aufeinanderfolgend sind wie zählen, rechnen und Bildschirmarbeit

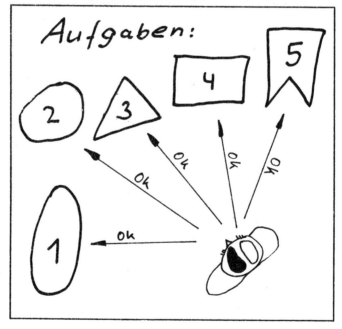

Die linke Gehirnhälfte beurteilt jede Aufgabe einzeln und gibt sein Okay, wenn sie realisierbar ist. Der Linkshirndenker ist jedoch oft überfordert und in Streß, da die Summe aller Aufgaben zuviel ist.

Die Folge einer einseitigen Überbeanspruchung der linken Gehirnhälfte ist Streß. Sind z. B. fünf verschiedene Aufgaben zu erledigen, neigt der linke Gehirnhälftendenker dazu, jede einzelne Aufgabe, einzeln zu betrachten und als realisierbar einzuschätzen.

Da er jedoch mit der linken Gehirnhälfte nur eine Aufgabe nach der anderen durchdenken kann, erhält er keinen Gesamtüberblick über den zeitlichen Ablauf. Dadurch nimmt er sich immer mehr vor, was er tatsächlich leisten kann, und kommt dadurch in Streß.

Die rechte Gehirnhälfte

Unsere rechte Gehirnhälfte nimmt Arbeiten wahr, die immer gleichzeitig erfolgen, wie z. B. räumliches Sehen, oder Musik hören. Typische Vertreter von rechtshirndenkenden Personen sind manche Künstlertypen oder Tagträumer. Stellt man einen solchen Menschen dieselben fünf Aufgaben, auch wenn sie ganz einfach, schnell und leicht zu erledigen sind, so sieht er alle fünf Arbeiten gleichzeitig vor seinem geistigen Auge und er fühlt sich vollkommen überfordert, diese zu erledigen. Die Folge davon ist, daß er die Jalousien herunter läßt, und sich in eine Traumwelt flüchtet und erst gar nicht beginnt die Arbeit zu erledigen.

Der Rechtshirndenker sieht alle Aufgaben gleichzeitig, fühlt sich überfordert und zieht sich in seine Traumwelt zurück.

Manche schwere Depression hat hierin ihren Anfang genommen. Vollkommen normale und bewältigbare Situationen wuchsen in ihrer gesamtheitlichen Schau (rechte Gehirnhälfte) zu einem unüberwindbaren Berg an. Hinzu kamen oft noch Ängste, die durch die allgemeine wirtschaftliche oder politische Situation ausgelöst wurde.

Der westliche Mensch ist im breiten Sinne ein Linkshirndenker. Er verliert sich so sehr im Detail, daß er den Gesamtüberblick verloren hat. Ein vollkommen gesunder Mensch denkt sowohl mit der linken, als auch mit der rechten Gehirnhälfte gleichermaßen.

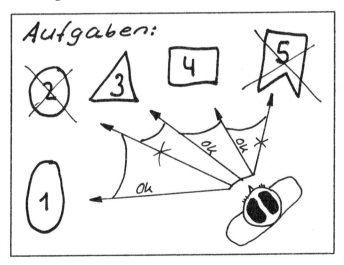

Ausgeglichene Aktivität beider Gehirnhälften. Jede Aufgabe wird beurteilt, die Gesamtschau signalisiert dann "nicht alles"

Nehmen wir wieder das Beispiel mit den fünf ge-
stellten Aufgaben. So wird sich ein Mensch mit
der linken Gehirnhälfte einen Überblick über jede einzelne Arbeit verschaffen, die rechte Gehirnhälfte wird diese Information aus einer gesamtheitlichen Sicht mit Zeit- und
Körperenergie vergleichen. Das Ergebnis wird
sein, daß die betreffende Person klar und deut-
lich erkennt, daß mit der zur Verfügung stehen-
den Zeit und Energie maximal drei der fünf ge-
stellten Aufgaben zu erledigen sind. Als Folge
davon wird sie sich die drei wichtigsten Aufgaben auswählen und die zwei Unwichtigeren auf
einen anderen Zeitpunkt verlegen.

Wie bringen wir nun unser Gehirn dazu, mit beiden Gehirnhälften gleichmäßig zu arbeiten?

Am besten stellen sie sich einmal einen Eisen-
bahnwaggon vor, der angestoßen wird und in eine Richtung rollt. Auch wenn die anschiebende
Lokomotive bereits abgehängt ist, wird er, je
nach Geländeform noch in der einmal ange-
stoßenen Richtung weiterrollen. Unser Gehirn
funktioniert ähnlich.

Haben wir durch unsere Arbeit nur mit der linken Gehirnhälfte gearbeitet und werden dann
mit einem Problem konfrontiert, so werden wir
auch dieses Problem mit der linken Gehirnhälfte

zu lösen versuchen und dadurch dann zwangsläufig in Streß geraten. Befinden wir uns in einer entspannten Atmosphäre, z. B. nach einem Konzert, so werden wir dieselbe Problematik mit unserer rechten Gehirnhälfte zu lösen versuchen. Dieselbe Aufgabe, wenn sie an uns herangetragen wird, löst unter Umständen das Gefühl des Überfordertseins aus.

Ausgleichssport, oder Spaziergänge in frischer Luft bewirken einen Ausgleich der beiden Gehirnhälften, schneller und nachhaltiger wirkt jedoch das Spiel mit den Qi-Gong-Kugeln.

Übungen für die rechte Gehirnhälfte

Unsere rechte Gehirnhälfte steht -über Kreuz-
mit unserer linken Körperseite in Verbindung.
Die Folge ist, daß wir beim Spielen mit der linken Hand unserer rechten Gehirnhälfte Impulse
zum Verarbeiten weiterleiten. Umgekehrt, wenn
wir gefühlsbetonte Überlegungen durchführen,
werden wir mit der linken Hand entsprechende
Ausgleichsbewegungen machen, die genau dem
Gefühl entsprechen.

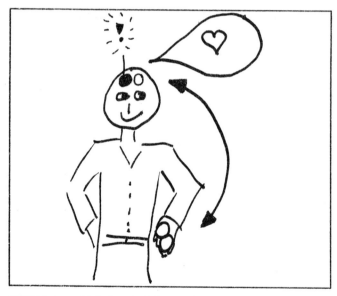

Gefühlsbetonte Gedanken beeinflussen die Bewegung der linken Hand.
Ungekehrt genauso, Bewegungen der linken Hand beeinflussen gefühlsbetonte Gedanken.

Übungen für die linke Gehirnhälfte

Mit der linken Gehirnhälfte verhält es sich ähnlich. Sie entspricht unserer rechten Körperseite. Übungen mit der rechten Hand erzeugen Impulse, die von der linken Gehirnhälfte verarbeitet werden, oder umgekehrt, Denkvorgänge, die aufeinanderfolgend sind, lösen in der rechten Hand entsprechende Spielbewegungen aus.

Intellektuelle Gedanken beeinflussen die Bewegung der rechten Hand. Ungekehrt genauso, Bewegungen der rechten Hand beeinflussen intellektuelle Gedanken.

Von Haus aus
macht man es eigentlich falsch.

Es gibt selten einen Menschen, der ein ausgewogener Links- und Rechtshirndenker gleichzeitig ist. Jeder Charakter wird entweder mehr auf die linke oder auf die rechte Seite tendieren. Ich mache immer wieder den Test und finde jedesmal die Bestätigung. Ich gebe jemand die Kugel, daß er damit spielen und üben kann, nimmt er sie mit der linken Hand, so ist er vom Denken her ein rechtshirnbetonter Mensch. D. h. gefühlsmäßige und emotionale Entscheidungen werden von ihm schneller und leichter getroffen. Greift er jedoch mit der rechten Hand, um mit den Kugeln zu üben, so kann man davon ausgehen, daß es sich um einen sehr rationalen, kühlen und nüchternen Menschen handelt, der von Gefühlen wenig hält und mit ihnen auch nichts anfangen kann.

Die Ursache für diesen Grund liegt darin, daß ein Rechtshirndenker einfach gefühlsmäßig viel mehr Erfahrung gesammelt hat, etwas zu machen und fühlt sich dadurch auch mit der linken Hand viel sicherer. Der mit der linken Hand hingreift und gefühlsmäßig übt, wird nicht einmal auf die Kugeln schauen, wenn er sie dreht, sondern macht es einfach aus dem Bauch heraus.

Während der Linkshirndenker, der mit der rechten Hand das Kugelspiel beginnt (weil er sich rechts sicherer fühlt),seine Kugeln genau anschauen, um ständig eine Kontrolle über die Bewegung und den Ablauf zu haben. Er fühlt sich am sichersten, wenn er ein strukturiertes, logisch klares Verhaltensschema, auch von den Kugeln abverlangt und dieses natürlich sofort kontrolliert. **Wollen wir nun das Spiel der Qi-Gong-Kugeln für unseren Vorteil einsetzen, so müssen wir entgegen unserer Neigung handeln.**

Der Träumertyp muß sich beim Nachdenken über seine Problematik dazu zwingen, mit der rechten Hand zu spielen.

Während der Streßtyp bei seinen Überlegungen versuchen muß, mit der linken Hand zu üben.

Was hier so leicht und einfach klingt ist in der Praxis ziemlich anstrengend. Wie oft habe ich mich selbst schon beobachtet, daß ich bei Überlegungen, die meine Emotionen voll beanspruchen, immer wieder von der richtigen rechten Hand auf die gefühlsmäßige linke Hand übergewechselt habe und durch dieses Wechseln die emotionelle Seite noch mehr bestärkt habe. Sie können es selbst ausprobieren. Geben Sie einem Bekannten, ohne ihn darüber zu informieren, ein Paar Metallkugeln zum Spielen in die Hand. Reden Sie mit ihm über ein mathematisches Problem und er wird ganz unbewußt die Kugeln in die rechte Hand nehmen und damit spielen. Wechseln Sie das Thema dann auf einen Bereich, der mehr seine Emotionen anspricht, so wird er, ohne daß es ihm selbst bewußt wird, plötzlich die Kugeln in die linke Hand nehmen und darüber reden. Sie können ihm das ganze Spiel ein paarmal wiederholen lassen, indem Sie einfach das Gespräch so führen, daß die Thematik immer wieder von links nach rechts geht.

Übungen für den Träumertyp

Wenn Sie mehr der Träumertyp sind und sehr gefühlsmäßig Ihre Entscheidungen treffen und Ihren Tagesablauf gestalten, dann sollten Sie mehr mit der rechten Hand üben, als mit der linken.

Der Träumertyp sollte mehr mit der rechten Hand üben, um seine linke Gehirnhälfte mit Impulsen zu versorgen. Seine rechte Gehirnhälfte ist schon gut geschult.

Übungen für den Steßtyp

Sind Sie der intellektuelle Mensch, der vielleicht noch bei einer Bank oder an einem EDV-Arbeitsplatz beschäftigt ist und viel mit Zahlen zu tun hat, so ist für Sie das Spielen mit der linken Hand auf jeden Fall der bessere Ausgleich.

Der Streßtyp sollte mehr mit der linken Hand üben, um seine rechte Gehirnhälfte mit Impulsen zu versorgen. Seine linke Gehirnhälfte ist schon gut geschult.

Die Drehrichtung beim Spielen

Prinzipiell soll man, wenn man mit den Kugeln spielt einmal mit der Linken, einmal mit der Rechten, einmal links herum, einmal rechts herum üben, so daß alle benötigten Muskeln und Wirkungen in der ganzen Bandbreite erzielt werden. Jedoch ist für bestimmte Eigenschaften eine besondere Drehrichtung vorteilhafter als die andere. So können Sie davon ausgehen, wenn Sie über Probleme nachdenken, die Sie belasten und die Sie weglegen wollen, z. B. Sie sind gekränkt worden und wollen über diese Angelegenheit nicht länger nachdenken, sondern abschließen, dann drehen Sie die Kugel im Uhrzeigersinn. Das Drehen der Kugel im Uhrzeigersinn erzeugt ein Gefühl und eine Kraft die erleichtert etwas abzugeben, wegzulegen.

Das Drehen gegen Uhrzeigersinn kann man als aufnehmend und empfangend in seiner Wirkung bezeichnen. Linksdrehen sollen Sie immer, wenn Sie über ein Problem nachdenken und noch keine Lösung wissen. Wo Sie Intuition brauchen, wo Sie neue kreative Gedanken empfangen müssen, ist das Linksdrehen, also gegen den Uhrzeigersinn vorteilhaft.

10. Übungen mit einer Kugel

Übung: Handschmeichler

Nehmen Sie eine Kugel in die Hand und rollen Sie sie zwischen den Fingern, zwischen den Handflächen, drücken Sie die Kugel mal mehr mit Zeige- und Mittelfinger gegen die Ballen der Hand, mal mehr mit Kleinem und Ringfinger gegen den Ballen der Hand. Machen Sie mit der Hand eine Schale und lassen Sie die Kugel durch leichte Kreisbewegungen hin- und herrollen. Strecken Sie die Hand ganz gerade aus und lassen Sie die Kugel vom Handteller nach vorne zu den Fingerspitzen rollen und versuchen Sie durch geschicktes Bewegen und ruckartiges Zurückziehen der Hand, die Kugel wirklich zu den Fingerspitzen vorrollen zu lassen, ohne daß sie runterfällt.

Handschmeichlerübungen sind vielfältig, erfinden Sie neue Varianten.

Übung:
Die reife Pfirsich wiegt sich im Winde

Halten Sie Ihre Hand mit der Handfläche nach unten geöffnet. Die Kugel halten Sie nur mit dem Daumen und versuchen dabei, den größtmöglichen Handflächenbereich abzurollen. Dann nehmen Sie die Finger mit zu Hilfe, indem Sie die Kugel zwischen Zeigefinger und kleinen Finger einklemmen und immer zwischen den Fingern hin- und herrollen. Wechseln Sie zwischen Ring- und Zeigefinger oder zwischen Mittel- und kleinem Finger oder auch zwischen zwei Fingern direkt. Halten Sie die Handflächen immer nach unten, so daß Sie wirklich nur mit großer Kraftanstrengung die Kugel halten können. Diese Übung ist teilweise schwierig, stärkt jedoch die Muskulatur der Finger ungemein.

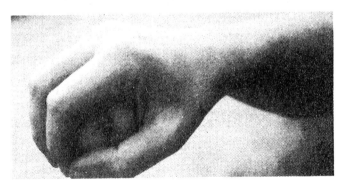

Halten Sie die Hand immer über der Kugel, so daß die Finger das Gewicht der Kugel halten müssen.

Übung: Ein Vogel fällt vom Himmel

Bei dieser Übung halten Sie die Handfläche auch nach unten gedreht und lassen die Kugel, durch Öffnen der Hand plötzlich nach unten fallen. Versuchen Sie nun so schnell wie möglich, die Kugel wieder zu fangen. Wählen Sie dabei eine weiche Unterlage, denn sicherlich wird Ihnen diese Übung nicht von Anfang an jedesmal gelingen. Diese Übung schult die Reaktionsfähigkeit.

Achten Sie auf eine weiche Unterlage. Am Anfang können Sie die Hand kurz nach oben bewegen, bevor Sie die Kugel auslassen.

Übung: Die Kugel im Tal.

Stellen, oder setzen Sie sich so hin, daß Ihre Handflächen mit den Fingern voran zueinander zeigen. Lassen Sie dann eine Kugel von der linken Hand in die Rechte rollen und wieder zurück. Versuchen Sie, daß diese Rollbewegung so harmonisch wie möglich verläuft. Sie können auch, bevor die Kugel die Fingern verlassen, um auf die nächste Hand überzugehen mit den Fingern einen kleinen Ruck geben, so daß die Kugel ein Stückchen fliegt. Versuchen Sie hier, große Fertigkeit und Harmonie bei dieser Übung zu erreichen. Schult die Koordination.

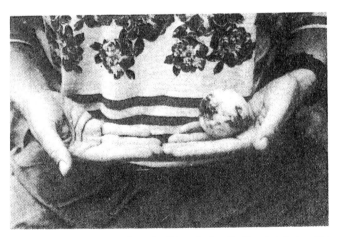

Formen Sie die Finger zu einer Art Rinne in der die Kugel einfach rollen kann.

Übung: Ein Engel bedient das Gesicht

Wenn Sie verschiedene Übungen mit einer oder zwei Kugeln schon gemacht haben und die Kugeln eine schöne, warme Temperatur besitzen, dann können Sie anfangen, mit einer Kugel, die Sie zwischen Gesicht und Handfläche halten, das ganze Gesicht abzurollen. Beginnen Sie an den Wangen, den Oberkieferknochen, dem Unterkiefer - ziehen Sie ruhig eine Grimasse - massieren Sie den Bereich der Unterlippe und der Kinnspitze, massieren Sie unter der Nase die Oberlippe, rollen Sie die Nase ab, die Augen, die Stirn. Wechseln Sie dann die Hand und machen die zweite Gesichtshälfte. Sie werden schon nach einer bis zwei Minuten dieser Übung merken, wie vitalisierend und wohltuend dieses Abrollen des Gesichtes ist. Es werden dabei nicht nur die Gewebebereiche gedrückt und massiert, sondern es werden auch Akupressurpunkte damit bedient, damit wird die Versorgung mit neuer Energie im Kopfbereich angeregt. Sie werden sich schnell klarer und wohler fühlen. Sehr oft werden Sie auch merken, daß durch diese Abrollübung des Gesichtes ein verstärkter Speichelfluß festzustellen ist. Sammeln Sie den Speichel im Mund und ziehen Sie ihn durch die Zähne, spülen Sie auch die Backentaschen abwechselnd.

Versuchen Sie die Speichelsammel Übung 10 bis 20 Minuten auszudehnen, es gibt keine bessere Übung, die das Zahnfleisch mehr festigt. Spukken Sie den Speichel aus, er enthält viele Gifte, die durch die Kugelmassage gelockert wurden.

Diese Übung ist besser als jede Kosmetik. Die Massage löst Stoffwechselschlacken im Gesicht, vitalisiert und regeneriert das Gewebe und verbessert die Durchblutung und den Lymphstrom.

Entdecken Sie mit der Kugel ihr ganzes Gesicht. Ziehen Sie dabei ruhig Grimassen und gehen Sie mit dem Druck sparsam um. Die Wirkung ist auch groß bei leichtem Druck. Nach ca. zwei bis drei Minuten machen Sie eine Pause und horchen Sie einfach in Ihr Gesicht hinein. Was tut sich, wie pulsiert es, was verspüre ich nun. Genießen Sie diese Wirkungen, die Sie wahrnehmen. Stellen Sie sich vor, daß Ihr Gesicht nun besser durch blutet, besser ver- und entsorgt wird, daß diese Übung vitalisierend und verjüngend auf Sie wirkt. Nehmen Sie für diese Übung einen Jade-Stein. Denken Sie Dual, auf die aktive Massagezeit muß eine passive Ruhezeit folgen, damit Gleichgewicht und Harmonie besteht.

Als Fortsetzung vom Gesicht können Sie nun mit der Kugel auch Ihren Nacken und Halsbereich abrollen. Besonders unter dem Kieferbogen am Hals entlang befinden sich viele Lymphdrüsen, die durch leichtes Abrollen der Kugel massiert werden. Sollten Sie hier Schmerzen verspüren, unterbrechen Sie diese Übung und versuchen Sie an einem anderen Tag die Übung wieder. Sollten Sie anhaltend immer wieder Schmerzen haben, so deutet das auf einen Entzündungsherd im Kopf- und Halsbereich hin. Ich würde Ihnen empfehlen, einen Arzt aufzusuchen.

Übung: Nackenroller

Wenn Sie konzentriert arbeiten müssen und schon müde sind, dann brauchen Sie mit der Kugel nur den Hals abzurollen. Vor allen Dingen den Nackenbereich ein paarmal rauf und runter, immer wieder um einen halben Zentimeter versetzt und dann ein paarmal quer und Sie werden merken, wie schnell Sie frisch werden. Hinten am Nacken befinden sich viele Lymphbahnen und Gefäße, die für die Versorgung des Kopfes zuständig sind. Mit dieser Übung erfrischen Sie sich augenblicklich.

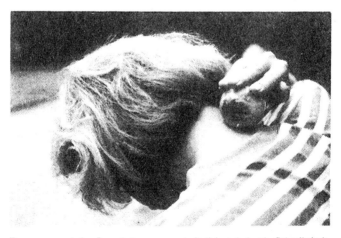

Bewegung regt den Lymphstrom an und vitalisiert dadurch. Schreibtischtäter müssen einfach schneller unkonzentriert und müde werden, weil durch die fehlende Bewegung das Gehirn nur zu langsam von den Stoffwechselschlacken entsorgt wird. Meine Forderung: "An jeden Schreibtisch gehört ein paar Qi-Gong Kugeln".

Das Abrollen der Kugel

Wenn Sie sich selbst mit einer Kugel massieren, so müssen Sie darauf achten, daß die Kugel nie geschoben, sondern immer abgerollt wird zwischen Handfläche und dem jeweiligen Körperteil. Sie können Ihre Arme abrollen, Füße, Bauch, Brust oder auch in einer Partnerübung den Rücken. Nehmen Sie sich bei diesen Übungen viel Zeit und machen Sie dazwischen immer wieder Pausen und horchen Sie in Ihren Körper hinein, was geschieht jetzt, was bewirkt das, wenn Sie Ströme der Wärme oder pulsierende Energie spüren, stellen Sie sich dabei vor, daß diese Wärme und diese Energie Sie erfüllt, heilt, verjüngt und genießen Sie auch diese Nachwirkungen immer. Das Genießen der Nachwirkungen ist bestimmt genauso wichtig, wie die Übung selbst. Denken Sie daran, einer aktiven Zeit muß eine passive Zeit folgen, damit der Ausgleich wieder hergestellt ist.

Es ist wichtig, daß die Kugel nicht geschoben, sondern gerollt wird.

Übungen mit zwei Kugeln

Übung: Der einfache Grunddreher

Nehmen Sie die zwei Kugeln in die linke oder rechte Hand, versuchen Sie, die Kugeln so zu drehen, daß jede Kugel um die eigene Achse eine Drehung macht und auch um die andere Kugel herum. Zwischen den Kugeln soll ein imaginärer Drehpunkt sein. Sie werden sehr schnell Fertigkeit bei dieser Spielart bekommen.

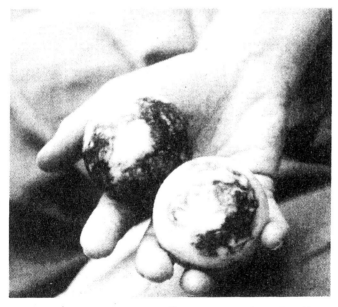

Der Grunddreher ist die einfachste Übung mit zwei Kugeln. Dabei ist es nur wichtig, daß sich die Kugeln in der Hand drehen.

Übung: Varianten zum Grunddreher.

Wenn Sie beim Drehen der Kugel einigermaßen Fertigkeit erworben haben, versuchen Sie die Drehrichtung zu ändern. Wenn Sie vorher im Uhrzeigersinn gedreht haben, versuchen Sie nun die Kugel im gleichen Maße rückwärts zu drehen. Haben Sie auch hier genügend Fertigkeit gewonnen, werden Sie merken, daß die Kugeln manchmal einen Teilbereich der Umdrehung aneinander scheuern und dann wieder voneinander entfernt sind. Beim Weiterdrehen stoßen sie dann wieder zusammen. Wenn Sie einige Fertigkeit besitzen, sollten Sie das zusammenstoßen vermeiden. Probieren Sie dann eine der zwei folgenden Übungen.

Im Reibungsdrehen werden in China Meisterschaften ausgetragen.

Übung - Reibungsdrehen

Legen Sie die Kugeln in Ihre Handflächen und versuchen Sie sie, wie in der vorhergehenden Übung zu drehen. Achten Sie jedoch darauf, daß die Kugeln niemals den Kontakt zueinander verlieren. Machen Sie die Übung nur langsam und gewissenhaft. Wenn Sie die Übung gut beherrschen, wechseln Sie wieder die Drehrichtung und achten Sie auch darauf, daß die Kugeln sich ständig berühren. Mit einiger Übung nach ca. 10 - 30 Minuten wird Ihnen diese Übung sicherlich schon sehr gut gelingen.

Reibungsdrehen wird wahrscheinlich die Spielvariante sein, die Sie am häufigsten anwenden.

Übung - Fliehkraftdrehen

Diese Übung ist schwieriger als die Vorangegangene. Denn hierbei sollen sich die Kugeln genauso drehen, wie bei der Grundübung, jedoch sollen Sie sich überhaupt nicht berühren. Probieren Sie erst mit der Hand, mit der Sie sich am sichersten fühlen und wählen Sie auch die Richtung, die Ihnen am leichtesten gelingt. Sicherlich werden Sie schon bald, wenigstens Teilbereiche einer Umdrehung schaffen, ohne daß sich die Kugeln berühren. Mit einiger Übung werden Sie sehr schnell Fortschritte machen. Probieren Sie dann auch hier, die Drehrichtung zu ändern, ohne daß sich die Kugeln berühren und dann Handwechsel und auch hier einmal links- und einmal rechtsrum drehen. Wenn Sie das Fliehkraft drehen mit beiden Händen und in beiden Richtungen beherrschen, dann werden Sie schon ganz und gar begeistert sein von diesen wunderbaren Kugeln.

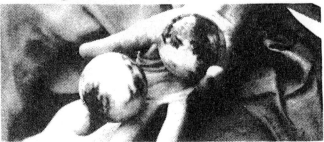

Fliehkraftdrehen ist die eleganteste Variante des Kugelspieles.

Übung: Kugelsprung

Legen Sie beide Kugeln in die ausgestreckte Hand, legen Sie Zeige- und Kleinen Finger etwas höher, so daß die vordere Kugel nicht seitlich runterfällt. Versuchen Sie nun, die vordere Kugel über die hintere zu schubsen und dabei gleichzeitig die Hintere nach vorne rollen zu lassen, also nicht mehr seitlich drehen, sondern die vordere Kugel soll über die andere darüberspringen.

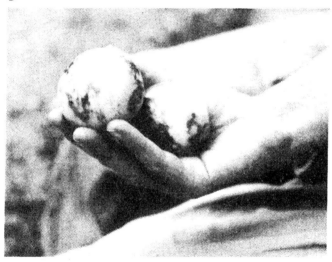

Der Kugelsprung, beherrscht man ihn, macht er viel Spaß.

Übung - Die Kugel umkreist den Stein

Versuchen Sie nun eine Kugel in der Hand ruhig zu halten und die andere Kugel umkreist die Stehende. Diese Übung scheint auf den ersten Augenblick ein bißchen schwierig, gelingt aber dann leichter, als manche vorhergegangene Übung. Wechseln Sie auch hier die Richtung und die Hand.

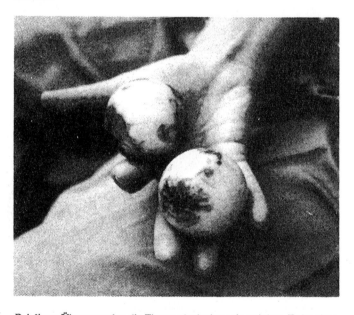

Bei dieser Übung werden die Fingergelenke intensiv trainiert. Es ist nicht wichtig, daß die Übung mit Perfektion ausgeführt wird.

Übung:
Für Nacken- und Oberarmmuskulatur.

Gerade wer lange an der Schreibmaschine sitzt oder lange Autofahrten abzuleisten hat, wird im Nacken- und Schulterbereich über Verspannungen klagen. Die Übungen mit den Qi-Gong-Kugeln sind wunderbar geeignet die Muskelpartien

Übung für Schreibtischarbeiter, Kraftfahrer und alle die Verspannungen im Schulterbereich haben.

zu zupfen und zu lockern. Nehmen Sie dazu die Übung Reibungsdrehen und strecken Sie den Arm ganz weit nach hinten und machen die Reibungsdreh-Übung. Variieren Sie Ihre Armstellung, indem Sie sie einmal ganz weit nach außen halten, und dabei die Drehübung machen, oder einmal ganz tief nach unten halten. Sie werden merken, daß jede Armstellung auch einen anderen Bereich im Schulter- und Nackenteil aktiviert und lockert. Versuchen Sie den Arm immer in ganz extreme Stellungen zu bringen, so daß die Muskeln in dieser Stellung maximal gedehnt sind, ohne sie jedoch zu überdehnen. Durch das Drehen wird dann eine noch stärkere Dehnung kurzfristig und gleichzeitig dann wieder eine Lockerung ausgelöst.

Übung:
Bei eingeschränkter Beweglichkeit.

Wenn Sie sich mit zwei Kugel ganz schwer tun, dann können Sie die Kugeln auch an ihren Bauch oder an ihre Brust legen und ganz vorsichtig beginnen, hier die Kugeln gegeneinander zu drehen. Sie werden auf diese Art und Weise auch schon einen großen Trainingseffekt für Ihre Hände ausüben und von Mal zu Mal größere Fertigkeiten erreichen, so daß über kurz oder lang die Kugeln auch freihändig bewegt werden können.

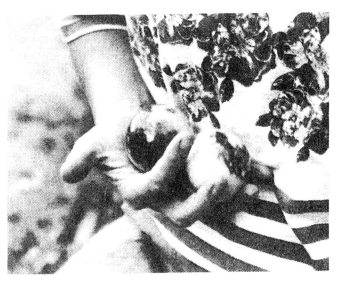

Haben Sie keine Scheu, die Kugeln am Körper abzustützen. Wichtig ist, daß die Finger überhaupt bewegt werden.

Übung: Augenwärmer

Wenn Sie durch das Reibungs- oder Fliehkraftdrehen die Kugeln schön angewärmt haben, legen Sie die Kugeln auf Ihre Augen. Versuchen
Sie, die Wärmeausstrahlung zu spüren. Die
Energie, die sich in den Kugeln gesammelt hat,
wird Ihre Augen ganz wunderbar vitalisieren.

Beim Augenwärmer sollen die Kugeln schon durch andere Spielvarianten
warm sein.

Übung:
Drehen der Kugeln mit den Füßen

Scheuen Sie sich nicht, wenn Sie vor dem Fernseher sitzen, die Kugeln auch mal auf den Boden zu legen. Mit nackten oder bestrumpften Füßen können Sie Abrollbewegungen probieren. Schnell werden Sie die vitalisierende und wärmende Wirkung der Übung mit den Füßen merken.

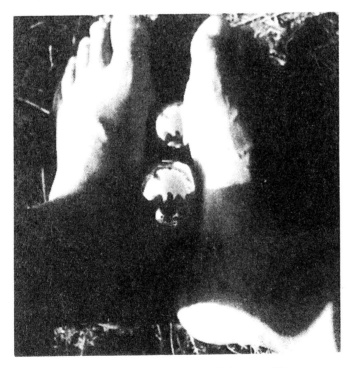

Auf diese Art machen Sie sich selbst eine Fuß-Reflexzonen-Massage.

Gruppenübungen

In ein Tuch oder auf ein Brett können Sie eine Kugel legen, markieren Sie vorher einen Bereich an den die Kugel rollen soll. Um das Brett stehen drei oder vier Personen, die durch Heben und Absenken des Brettes die Kugel jeweils in die gewünschte Richtung laufen lassen. Die Koordination der Leute ist wichtig, daß das Ziel erreicht wird.

Raucher-Entwöhnung:

Eine Erfahrung steht immer über einer intellektuellen Einsicht. Die Grunderfahrungen der Menschheit kann immer in die zwei Bereiche - geben / nehmen- unterteilt werden. Berührungen gehören zu den wichtigsten körperlichen und sozialen Erfahrungen. Wir geben gerne, z. B. streicheln und kraulen wir eine Katze, die sich zu uns gelegt hat, oft eine lange Zeit, ohne daß es uns stört. Die Schwierigkeit, die wir bei rein verstandesmäßigen Entscheidungen haben, ist die, daß wir damit keine körperliche Erfahrung verbinden können. Will nun jemand das Rauchen aufgeben, so steht dem Gedanken die übermächtige Erfahrung des (oft jahrelangen) Rauchens gegenüber. Stellen Sie sich vor, in der linken Gehirnhälfte ist ein kleines Fünkchen Gedanke - nicht mehr rauchen-, in der rechten Gehirnhälfte brennt eine rießige Erfahrungsflamme -rauchen. Es ist schon ein Wunder, daß es immer wieder Menschen gibt, die es schaffen, mit dem Rauchen aufzuhören.

Die zwei Wege,
mit dem Rauchen aufzuhören:

Der erste allgemein praktizierte Weg besteht darin, den Gedankenimpuls -nicht mehr rauchen- so zu stärken, daß er gleich stark mit der Empfindung -rauchen- wird. Da baucht man einen starken Willen und viel Ausdauer, was immer noch bleibt, sind die schwachen Stunden.

Der zweite Weg, mit dem Rauchen aufzuhören besteht darin, die Erfahrung -rauchen- durch eine andere Erfahrung zu ersetzen. Am besten können Sie so etwas mit den Qi-Gong-Kugeln vollziehen. Nehmen Sie die Kugeln in die linke Hand und drehen Sie sie im Uhrzeigersinn, dabei denken Sie über alle negativen Aspekte des Rauchens nach. Wechseln Sie die Drehrichtung und nun stellen Sie sich gedanklich die Situationen vor, die damit verbunden sind, nicht mehr zu rauchen. Als Beispiel Treppen steigen, ohne außer Atem zu kommen, frischer, angenehmer Atem, mehr Geld für Wünsche. All diese positiven Eigenschaften versuchen Sie bildhaft, beim Drehen der Kugel, vor Ihr geistiges Auge zu bekommen. Der positive Aspekt dieser Methode liegt darin, daß man das Rauchen nicht schlecht macht, sondern daß man es einfach durch positive Erfahrungen ersetzt. Das Drehen der Kugeln bei diesen Gedanken vermitteln dem Körper eine Erfahrung, die das Überlegte aus dem intellektuellen Bereich in den gefühlsmäßigen Erfahrungsbereich einbindet.

Wenn Sie vorhaben, mit dem Rauchen aufzuhören, machen Sie diese Übung ohne sich über den Zeitpunkt des Aufhörens Gedanken zu machen. Ganz von alleine kommt nach einiger Zeit der Wunsch nicht mehr zu rauchen, wenn Sie dann aufhören, dann haben Sie Dank der Qi-Gong-Kugeln nicht mehr das Problem "was mache ich mit meinen Händen".

Literaturverzeichnis

Muth Crista; Heilen durch Reflexzonen-Therapie

Yuhe Ding; Chinesische Gesundheitskugeln halten Sie jung und vital.

ohne Autor; Qi-Gong-Kugel-Handbuch

Höting Hans; Aktiv und gesund durch Qi-Gong-Kugeln

Hertzka Gottfried; Die Edelsteinmedizin der Heiligen Hildegard

Weigerstorfer Richard; Bio-Wippen, das Training der Zukunft.

ohne Autor; Qi-Gong und die Gesundheit

Schillings/Hintertür; Qi-Gong, der fliegende Kranich.